SOUVENIRS
ET
IMPRESSIONS
DE VOYAGE

EXCURSION EN CRIMÉE

EN 1855

PENDANT LA GUERRE

PAR

Eugène COURMEAUX

Ancien Député de Reims

REIMS

IMPRIMERIE ET LITHOGRAPHIE L. DEVAUX

1886

SOUVENIRS

ET

IMPRESSIONS DE VOYAGE

SOUVENIRS

ET

IMPRESSIONS

DE VOYAGE

EXCURSION EN CRIMÉE

EN 1855

PENDANT LA GUERRE

PAR

Eugène COURMEAUX

Ancien Député de Reims

REIMS

IMPRIMERIE ET LITHOGRAPHIE L. DEVAUX

1886

SOUVENIRS

ET

IMPRESSIONS

DE VOYAGE

En France, nous oublions vite. C'est un trait de notre caractère, ce qui fait que les événements historiques n'ont pas pour nous leur vraie physionomie, que nous nous méprenons sur leur portée et que, l'expérience ne nous servant presque jamais de leçon, il faut toujours recommencer.

Dans son magnifique langage, semé de métaphores saisissantes dont il a le secret et qui éveillent des essaims d'idées, Lamartine a dit : « *Oui, le Français est léger, oui il est mobile, mais c'est le vent de sa mobilité qui alimente sa flamme !* » Certes il y a du vrai dans cette appréciation. Mais cela n'empêche pas que nous ne retombions cent fois dans les mêmes fautes avec aggravation des conséquences, et c'est ainsi que la destinée de notre pays est sans cesse ballottée entre des écueils et des pôles opposés, alternant de la dictature à l'anarchie ; c'est ainsi que l'avenir est sans cesse remis en question. Les entreprises les plus considérables, les guerres les plus dangereuses, le plus souvent déterminées par des causes occultes, inavouables, sont entamées sous des prétextes futiles, et l'on arrive à verser de part et d'autre des torrents de sang humain sans avoir une excuse dans la nécessité.

Ainsi, pour ne parler que d'une seule guerre moderne, la guerre de Crimée qui certes n'a été ni sans éclat, ni sans grandeur, où de tous les côtés, il s'est dépensé beaucoup d'héroïsme et qui, Dieu merci ! il faut le reconnaître, a eu, en somme, d'heureuses conséquences, bien que ces conséquences n'aient pas été (tant s'en faut !) en proportion des efforts et des sacrifices qu'elles ont coûtés... eh bien ! la guerre de Crimée, d'ailleurs mal entreprise, mal conduite pendant trop longtemps, se rappelle-t-on ce qu'elle a dévoré d'hommes ? *Vingt deux mille* Anglais, *deux mille deux cents* Piémontais, *quatre-vingt-quinze mille* Français (chiffres officiels) et *trente cinq mille* Turcs ! Quant aux Russes, leurs pertes ont atteint sinon dépassé le chiffre de *cent soixante mille hommes !* C'est donc un total de plus de 300,000 êtres humains que l'ambition du czar Nicolas a voués à la mort !! N'est-ce pas odieux et révoltant ?

Et, au point de départ, que trouve-t-on pour justifier cette immense hécatombe, cette horrible boucherie? Ah ! c'est là le comble ! Devinez ce dont il s'agissait ? De délivrer une population asservie? Non ! De chasser des invasions de barbares ? Non ! D'ouvrir à la civilisation, au commerce, à l'industrie, aux arts, de vastes territoires jusque-là inabordables? Non ! De venger des compatriotes massacrés? Non ! Il s'agissait de savoir (lisez bien !) qui aurait la *principale clé* de l'Eglise de Bethléem, et qui aurait le droit de réparer la coupole du Saint-Sépulcre ! Oui, c'est pour cela, *censément,* que des fleuves de sang ont coulé !

Mais hélas ! notre nature est si mêlée et si bizarre ; elle est composée d'éléments si complexes et si opposés que, malgré ce qu'ils ont d'horrible, les drames de l'humanité exercent, au moins momentanément, même sur les esprits les plus pacifiques, une sorte d'attraction irrésistible.

La curiosité, même malsaine, l'emporte, et c'est ainsi qu'on est conduit à affronter des spectacles terrifiants dont l'impression ne s'efface jamais et contribue du moins à notre éducation, ou plutôt à notre édification philosophique.

Il y a de certains temps néfastes, où tout homme qui prend une part active, pour si peu que ce soit, aux événements politiques, est exposé à toutes les vicissitudes. Voué par mon libre choix aux études historiques et littéraires, j'avais à la suite d'un procès jugé par la Cour d'assises de Melun qui m'avait acquitté, j'avais, dis-je, perdu la modeste situation de bibliothécaire que j'étais heureux d'occuper depuis quelques années dans ma ville natale.

Après ma révocation, après avoir encouru, en maintes circonstances, les rigueurs et les poursuites de l'administration et de la justice bonapartistes, après avoir cherché un refuge à l'étranger, me trouvant, au retour, malgré l'amnistie, dépourvu de toute sécurité, en présence d'hostilités de parti pris qui s'exerçaient alors gratuitement, sans que j'y donnasse prise, je dus transformer ma vie et je me déterminai à voyager quelques années.

L'Orient m'avait toujours tenté. Une honorable et puissante maison placée au premier rang dans le commerce des vins de Champagne me fit l'honneur de me confier ses intérêts et je dus partir pour une vaste tournée dans tout le bassin de la Méditerranée et de la Mer Noire. Je devais revenir en France par les principautés danubiennes, mais j'avais compté sans le choléra qui faillit m'emporter et qui en me retenant à Constantinople rompit le cours de mon voyage.

Mon voyage, du reste, s'annonçait assez mal et, si j'avais été superstitieux, les mauvais augures multipliés n'auraient pas laissé que de m'impressionner.

Ainsi, le léger bateau à vapeur sur lequel, de Lyon à Valence, je descendais le Rhône, faillit sombrer sous une violente bourrasque qui, nous dit-on, soufflait d'une gorge de la chaîne des Cévennes.

Ensuite, m'étant embarqué à Marseille, à bord du *Capitole*, le bateau dut, tout à coup à huit ou dix lieues en mer, s'arrêter par suite de la rupture de la pompe qui alimentait la chaudière, virer de bord et regagner à grand'peine, à la nuit; le port d'où il était sorti le matin à 11 heures.

Plus tard, deux jours après, à bord du bateau l'*Osiris* qui me transportait directement à Malte, nous franchissions, entre la Corse et la Sardaigne, le détroit qu'on appelle les bouches de Bonifacio, lorsque, à la hauteur de l'écueil Lavezzi, de sinistre mémoire, nos regards furent attristés à la vue d'épaves flottantes qui attestaient un naufrage récent. C'étaient des vestiges de la superbe frégate *La Sémillante* qui, chargée de troupes et d'artillerie de siège pour le camp sous Sébastopol, assaillie par une tempête qui probablement lui enleva son gouvernail, avait été engloutie dans le gouffre avec son équipage, ses passagers, avec huit cents soldats et leurs officiers *sans qu'un seul homme ait pu échapper*! Et cette effroyable catastrophe arrivée en plein jour, n'avait eu d'autre témoin qu'un jeune pâtre corse qui faisait paître ses chèvres sur la montagne et qui raconta qu'il avait vu le navire tournoyer longtemps sur lui-même, puis s'enfoncer dans l'abîme.

Enfin, le lendemain soir, dans les parages de la Sicile, à la hauteur de Trapani dont nous voyions les feux, aux environs du cap et de l'île Maritimo, nous fûmes secoués par un ouragan d'une violence telle

qu'après quatre heures de lutte, nous dûmes, non sans terreur, prêter le flanc du
navire à l'effort de la mer et de la tempête
pour rebrousser chemin et chercher un
refuge dans un mouillage entre les deux
petites îles Levanzo et Favignana où nous
passâmes la nuit à courir de petites bor-
dées. Et la tempête reprit de plus belle le
lendemain. Elle dura tout le jour et toute
la nuit, en nous ballottant pendant sept à
huit heures d'angoisses, en vue des feux
de Gozo et de Malte où nous parvînmes enfin
à pénétrer à quatre heures dans la nuit du
dimanche des Rameaux de l'année 1855.

Je n'en finissais pas avec les mauvais
présages qu'un génie malfaisant semblait
prendre plaisir à accumuler sur mes pas.

A l'île de Syra (l'ancienne Scyros, sta-
tion sur la ligne de Marseille à Constantinople), où la population grecque, fort
exaltée contre les Français, avait pris parti
pour les Russes et ne déguisait pas ses
sentiments, une excursion que nous fîmes
à une vingtaine de passagers faillit avoir
une issue funeste.

Malgré les avis du pilote, nous avions
décidé de gravir la montagne pour visiter
les vestiges de l'Acropole et contempler
la vue de l'Archipel. L'ascension n'amena

aucun incident , sans que nous pûmes d'ailleurs nous tromper sur les sentiments que notre présence inspirait et sur la signification des regards qui nous étaient adressés. Il n'en fut pas de même pour le retour. Une cinquantaine d'indigènes de la haute ville faisaient mine de nous barrer le sentier. Pour nous frayer un passage à travers les groupes hostiles et regagner notre bateau, nous dûmes mettre nos revolvers au poing et tirer en l'air quelques coups qui suffirent pour tenir en respect les agresseurs.

Nous eûmes d'autant plus à nous féliciter de notre heureux retour que plusieurs dames vaillantes, faisant route avec nous, avaient tenu à être de notre excursion, parmi lesquelles une jeune et belle anglaise devenue célébre, qui s'était faite sœur de charité pendant la guerre pour soigner ses compatriotes et dont le nom qui m'échappe en ce moment, ne restera pas moins honoré dans l'histoire de la campagne de Crimée où elle a déployé au milieu de tous les dangers un dévouement sublime.

Pour, autant qu'il dépendait de nous, préserver nos compagnes, nous avions cru devoir tout en descendant la côte au pas

de course, entre deux haies menaçantes
d'indigènes, nous former en petit batail-
lon carré et placer au milieu de nous les
dames dont chacune au reste était armée.
Notre contenance et nos armes en imposè-
rent. Il n'y eut d'autres victimes que quelques molosses qu'on lançait sur nous.

A Smyrne, toujours le même guignon,
mais cette fois sous la forme la plus terri-
fiante. J'étais débarqué le jour même de
Pâques. Deux jours après, l'épouvantable
tremblement de terre qui, à courte distance, renversait la capitale de Bithynie,
la jolie ville de Brousse, ébranlait l'antique cité orientale et, pendant plus de quin-
ze jours, de profondes secousses tantôt ho-
rizontales tantôt verticales ne cessèrent de
faire littéralement *palpiter le sol*. Les vaisseaux à l'ancre qui dansaient dans la rade
durent gagner le large. Dans toutes les
rues turques, le long du rivage, les maisons construites en bois craquaient dans
leur membrure et s'inclinaient l'une vers
l'autre. Nous n'osions nous risquer au
sommeil que tout habillés, munis d'une
ceinture qui contenait l'or, les papiers et
les objets les plus précieux. Quant à la
ville de Brousse, théâtre même du tremblement de terre, deux à trois mille mai-

sons renversées furent incendiées, et des milliers d'habitants périrent sous les décombres. Ce champ de malheur et de désespoir était le spectacle le plus navrant, le plus horrible que l'imagination puisse se représenter, et de même que le désastre de Lisbonne, arrivé juste cent ans auparavant (1755) il constituait un formidable argument de plus contre la philosophie optimiste, d'ailleurs si bien réfutée par Voltaire.

Ce n'est pas encore tout. A Constantinople où j'arrivai le 21 avril, les hôtels débordaient de voyageurs. Après de vaines tentatives pour trouver un logement dans les trois premiers établissements, je finis par m'installer à l'hôtel de Byzance (à Péra) dans une chambre, la seule disponible, à prendre ou à laisser. Or, pour m'y introduire, on en fit sortir un cadavre, celui d'un officier supérieur anglais, mort la veille du choléra !

Pour ne pas me laisser démoraliser par toutes ces circonstances lugubres, je me mis incontinent à courir la ville qui, vue de loin, sur mer, est une merveille, et qui vue de près, n'est trop souvent qu'un assemblage de cloaques.

La première rencontre que je fis fut

celle d'un Rémois, un écrivain de talent, A. Baligot-Debeine, qui venait de fonder là-bas un grand journal très recherché, la *Presse d'Orient* qui lui valut peu après un duel où je l'assistai comme témoin. A quelques pas, nous croisons deux officiers français qui avaient logé chez moi à Reims en 1848, alors que je faisais fonction de sous-préfet et qui venaient du camp de Maslak, établi à 5 ou 6 kilomètres de Constantinople. Sur le désir que nous exprimions de visiter le camp, ces messieurs nous invitèrent à déjeuner à quatre jours de là. Nous acceptons et rendez-vous est pris.

A l'heure convenue, Baligot et moi nous partons à cheval, suivis d'un *hammal* (portefaix) qui traînait un âne chargé, non de reliques, mais de provisions et de quelques bouteilles destinées à égayer notre communion. Munis d'un laissez-passer, nous pénétrons dans le camp, nous nous renseignons, nous cherchons, nous parvenons à joindre un de nos officiers et nous le prions de nous conduire à son camarade. « Mon camarade, nous dit-il, avec un sourire forcé, nous déjeunerons sans lui.» Hélas ! dans l'intervalle, depuis notre rencontre, notre convive avait été enlevé par une attaque foudroyante de choléra !

Malgré tous ces auspices, je persistai dans ma décision, je me rebuffai contre les pronostics et je fixai mon départ pour la Crimée.

Peu de jours après, je montais à bord du *Philippe-Auguste*, (capitaine Scribanis) qui, comme toujours, emportait des troupes et des munitions. Le navire était surchargé, mais non de dames: Il n'y en avait en tout que trois qui se disaient *touristes* et qui en effet paraissaient des mieux disposées à faire toute espèce de tours.

A 6 heures, le bateau levait l'ancre par un temps admirable.

Pour la première fois, je vis se dérouler dans tout leur éclat les rives du Bosphore. Les splendides coteaux couronnés de forêts, de pelouses et de verdure qui des deux côtés, d'Europe et d'Asie, descendent jusqu'aux eaux bleues et limpides que sillonnait notre navire, fuyaient rapidement derrière nous. Les palais d'Yéni-Keuï, de Thérapia, de Buyuckdéré, les châteaux d'Europe et d'Asie, passaient comme emportés dans un kaléidoscope fantastique. Nous effleurions de l'aile ces ravissants paysages tandis que nous étions escortés par une troupe de monstrueux marsouins qui venaient caracoler, faire la roue sous nos yeux, et qui sautant les uns par dessus les autres, luttaient de vitesse avec le bateau, que parfois ils dépassaient. A huit heures le spectacle enchanteur avait cessé : nous entrions dans la mer Noire, et nous perdions de vue la terre.

Pendant la traversée de la mer Noire, qui nous fut clémente, je cherchai, en groupant mes souvenirs, et à l'aide de quelques documents que je trouvai sous la main, à repasser les événements militaires qui s'étaient accomplis en Crimée et à préciser autant que possible le point où nos affaires étaient parvenues.

La Russie avait déclaré la guerre le 28 mars 1854.

Odessa avait été bombardée en avril par la flotte anglo-française.

L'armée française, commandée par Saint-Arnaud, et l'armée anglaise, commandée par lord Raglan (l'ancien aide de camp de Wellington à Waterloo) avaient débarqué sur la côte de Crimée, à Eupatoria, le 14 septembre.

Le 20, les Russes, battus à la journée de l'Alma, avaient été forcés de se réfugier dans la place de Sébastopol.

Le maréchal Saint-Arnaud était mort

presqu'aussitôt et le général Canrobert (l'un des instruments du Coup d'Etat du 2 décembre 1851, aujourd'hui sénateur) avait pris le commandement de l'armée française qui comptait alors à peu près 40,000 hommes, pas davantage.

A la fin de septembre, la ville avait été investie.

Le 9 octobre avait eu lieu l'ouverture de la tranchée et, le 17, le premier bombardement.

Malgré une résistance héroïque, les Russes avaient été à peu près battus à Balaklava (25-26 octobre), où la cavalerie anglaise avait déployé une valeur admirable, et à peu près écrasés à Inkermann (où ils avaient perdu 12,000 hommes), sous les charges irrésistibles de notre infanterie, de nos zouaves et de nos turcos (5 novembre).

L'hiver de 1854 à 1855 s'était passé sans faits saillants, si ce n'est que le 26 janvier, la Sardaigne avait accédé à l'alliance anglo-franco-turque contre la Russie et envoyé ensuite un contingent de 20,000 hommes.

L'empereur de Russie, Nicolas Ier, était mort le 2 mars, laissant pour successeur son fils Alexandre II.

Les 9 et 10 avril, les alliés avaient renouvelé un bombardement général, dont l'effet, disait-on, avait été terrible, mais qui n'avait pas dû être considéré comme décisif puisqu'on n'avait pas cru devoir tenter un assaut.

On prétendait que fatigué des lenteurs où traînait le siège, l'empereur Napoléon III était décidé à venir prendre la direction des opérations, mais que le coup de pistolet tiré sur lui dans les Champs-Elysées par l'italien Pianori (28 avril) l'avait fait renoncer à son projet.

Il venait de remplacer Canrobert par le général Pélissier.

Celui-ci était alors gouverneur de l'Algérie, et, comme on lui demandait ce qu'il pensait du siège de Sébastopol, il avait, disait-on, répondu : « Il n'y a qu'un b... capable de prendre la ville. — Quel est donc ce b... là ? — C'est un nommé Pélissier ! » — Cette confiance avait frappé l'empereur Napoléon qui aurait dit : « Je veux en essayer ! Et le b... prédestiné était arrivé il y avait 5 ou 6 semaines au camp établi sous Sébastopol et venait de remporter un avantage signalé en refoulant les Russes sur la rive droite de la Tchernaïa.

Les choses en étaient là à la fin de mai 1855. Accrues par d'importants renforts, les armées ennemies se tenaient en échec. Nous ne possédions encore aucun des ouvrages, aucune des positions qui devaient nous donner la clé de Sébastopol. La lutte pouvait durer longtemps encore si quelque coup d'éclat, triomphalement frappé, ne venait hâter la solution.

Etions-nous donc destinés à voir fondre notre armée sous le choléra, la peste, le typhus et la pourriture d'hôpital bien plus encore que sous le feu et le fer de l'ennemi ?

Je me promenais sur le pont en ruminant ces pensées. L'onde dormait sous un ciel splendide, rempli d'étoiles scintillantes extraordinairement lumineuses, et ne se réveilla pas de toute la traversée. Au reste, autant la mer Noire est dangereuse l'hiver, autant elle est facile et débonnaire l'été. La journée qui suivit fut merveilleusement belle ! La plus belle, peut-être, que j'aie jamais eue en mer ; mais, c'est incroyable ! nous traversions un désert. Nous ne vîmes ni terre, ni rochers, ni vaisseaux, ni barque, ni oiseaux, ni poissons. Le ciel et la mer se confondaient à l'horizon dans une immense nappe, sans le plus léger nuage, d'un blanc opalin qui ressemblait à une gaze vaporeuse. Tel fut l'unique tableau que je contemplai des heures entières en rappelant à mon esprit les descriptions de belles nuits que, jeune étudiant, j'avais admirées dans J.-J. Rousseau, dans Bernardin de Saint-Pierre et dans Châteaubriand.

Le commandant avait annoncé que nous serions en vue de la terre vers une heure de la nuit. Je ne me couchai pas. Les yeux fixés sur le point désigné, j'attendais l'apparition du phare. Vers minuit et demi, nous l'aperçûmes tout radieux, puis bientôt après, d'autres lumières fugitives qui traçaient un sillon d'une lueur pâle dans la nuit transparente. Ces lumières qui se succédaient à intervalles rapprochés et dessinaient parfois de longues courbes, c'étaient des boulets, des obus et des bombes que les Anglo-Français et les Russes échangeaient.

C'était l'indice de la destruction et le prodome des horreurs de la guerre. Bientôt le bruit distinct de la canonnade arriva jusqu'à nous et nous fit, tous ou presque tous, tressaillir. Quelque chose remua dans les fibres de mon être, sans que je pusse définir la nature de la sensation étrange que j'éprouvais. Ce n'était certes pas de la frayeur, car nous ne courions aucun danger. Etait-ce une horreur instinctive de la destruction, une douloureuse intuition des fléaux qui déciment et dégradent l'humanité, ou quelque secret et fugitif mouvement, quelque vague et malsain désir d'assister de près à des luttes, à des chocs, à l'un de ces drames enfin qui tiennent une si grande place dans l'histoire, et dont nos maîtres nous font admirer les héros? Je ne saurais dire. J'écoutais, recueilli, ces solennelles et funèbres détonations, dont chacune peut-être, emportait des hommes qui n'avaient aucun sujet de se haïr, encore moins de se faire du mal, et une fois sur cette pente d'idées, je conçus un redoublement de haine pour les despotes qui moissonnent tant d'existences et sèment tant de deuils dans l'univers et je joignis mon anathême à ceux des moralistes et des philosophes.

A l'intensité du bruit, il était aisé de reconnaître qu'on lançait d'énormes projectiles. En effet, j'en vis le lendemain qui étaient plus gros que de moyennes citrouilles.

Le port de Kamiesch étant fermé de nuit par une estacade et surveillé par des bâtiments de guerre, nous fûmes forcés de mouiller et de jeter l'ancre pour attendre l'heure de l'ouverture. A gauche au loin, on apercevait en quantité des mâtures sans carènes, émergeant de l'eau : c'étaient les agrès des navires que les Russes avaient coulés pour barrer aux nôtres l'accès de la rade. C'était l'anéantissement volontaire de cette flotte superbe, dont la Russie était si fière et qu'elle sacrifiait plutôt que de la laisser se mesurer avec les nôtres. C'est qu'avant tout, il fallait faire de Sébastopol une ville sainte, imprenable.

Tout le reste de la nuit, le feu continua en molissant jusqu'au matin où il cessa presque complétement.

A quatre heures, le passage nous fut ouvert, et nous pénétrâmes au milieu d'une forêt de navires enchevêtrés (plus de 2,000) les uns dans les autres, et appartenant à toutes les nations du monde. Sans autre bagage qu'un petit sac, je fus vite à bord d'un canot qui me conduisit à la plage. J'étais en Crimée.

La plage de Kamiesch où je descendais était d'un aspect désolé, lamentable. Le pays avait été dévasté profondément. Il n'y avait plus trace de végétation, ni même de verdure fanée. Une sorte de lèpre hideuse couvrait la terre. D'ailleurs, il n'y avait pas de ville, pas de maisons. Kamiesch n'était qu'un vaste assemblage fort sale de baraques en planches, construites par des européens de toutes races que l'appât du gain avait attirés. Ni hôtels, ni auberges, ni chambres à louer, mais des cabarets, des buvettes et un café-concert exploité par deux dames françaises, Mmes Desanglois et Bonneton, dont le nom est resté dans la mémoire de tous les voyageurs de l'époque. C'était le soir l'endroit où tout le monde affluait et il s'y consommait en un jour des tonnes de liquides équivoques et des masses incroyables de produits anglais et français pendant que des artistes de Casino paradaient sur une estrade, chantaient des gaudrioles ou vociféraient des hymnes guerriers. Les cabarets, je l'ai dit, ne manquaient pas, mais on n'y logeait pas. Pour trouver un gîte, un asile, il fallait connaître quelqu'un.

Heureusement, j'avais une lettre pour un M. M... G..., jeune homme de Marseille, très intelligent, qui faisait là de grandes affaires au moyen de fournitures de bœufs aux armées.

Après une demi-heure de recherches, je trouvai sa baraque. Il m'accueillit de la façon la plus cordiale et m'offrit sous son toit un matelas que j'acceptai. Après déjeuner, j'essayai de m'assurer un cheval pour aller au camp qui était à près de deux heures de marche. Impossible de rencontrer le moindre quadrupède disponible. Il me fallut braver l'ardeur d'un soleil torride et cheminer à pied.

Toujours le même aspect désolé, et dans le cours du trajet je ne rencontrai que des soldats isolés ou des transports escortés par des détachements. Nos soldats, je dois le dire, avaient l'air martial, l'allure excellente. La gaieté française ne les avait pas abandonnés. Mais quels équipements! Des chaussures percées, des capotes en lambeaux, des pantalons déguenillés, des képis qu'on n'aurait pas ramassés! Du premier coup d'œil, on pouvait lire de cruelles privations et deviner d'atroces souffrances.

Plusieurs fois, chemin faisant, je liai conversation avec des voltigeurs de la garde impériale. — Eh bien! mes amis, sommes-nous contents de notre nouveau général en chef? — Le général Pélissier? Oh! ce n'est pas un manchot! Il ne nous ménagera pas plus qu'il ne faut, allez! mais nous aimons encore mieux ça que de moisir dans les tranchées ou que de pourrir à l'hôpital. — Et croyez-vous qu'il y en ait encore pour longtemps? — Ah! peut-être oui, peut-être non! Il ne faut qu'un coup, mais aussi c'est qu'à Sébastopol, ils ont un dur à cuire pour les défendre! — Qui donc? — Eh bien, Todleben! En voilà un qui sait remuer les hommes et la terre! Ce qu'il a fait depuis que nous sommes là, c'est pas croyable. En voilà un gaillard et un rude! — Alors, vous aurez plus de mérite à prendre la ville! — Oui, mais il faut la prendre avant l'hiver. S'il nous venait encore en 1855 comme en 1854 des ouragans de neige qui arrachent les tentes, emportent les baraques et font geler les hommes; il n'y en aurait plus assez pour prendre la ville. — Et les Anglais vous secondent-ils toujours bien? — Une fois qu'ils y sont, ils taillent de belle besogne, mais il leur faut toujours trop de temps pour se mettre en branle. — Et votre nourriture, en êtes-vous contents? — Non. Tous les dons qui nous sont arrivés de France étaient gâtés. Oh! nous ne sommes pas à la noce! Aussi il faut que ça finisse!

Avant de quitter Kamiesch, j'avais remis une lettre d'introduction au brave commandant Danglars qui avait la haute direction de la plage et qui me donna un permis de visiter le camp. Sa griffe et l'estampille qui l'accompagnait levèrent pour moi toutes les consignes. A une heure 1|2, j'étais au quartier général, après avoir traversé les campements français.

Ce qui me sauva pendant mon court passage au camp, et ce qui me permit de voir bien des choses en quelques jours, c'est que j'avais la bonne fortune de connaître M. Robert, intendant militaire, attaché au service de l'état-major de la garde.

M. Robert, qui en France joignait à l'exercice de ses fonctions professionnelles l'étude approfondie de la numismatique, était membre de l'académie de Reims dont j'avais fait, jusqu'en 1848, également partie. Mais, de plus, il avait épousé la sœur de mon ami M. Ernest Arnould, l'avocat, le conseiller général et se trouve être par conséquent l'oncle par alliance de M. Ch. Arnould, le républicain dévoué si connu et si universellement estimé et apprécié à Reims.

Introduit dans le baraquement de M. Robert, j'avais à peine renouvelé connaissance qu'il m'offrit une hospitalité que j'acceptai avec effusion, avec autant de cordialité qu'elle m'était offerte. De plus, il allait partir pour étudier *de visu* l'emplacement d'un parc de subsistances que ses instructions lui recommandaient d'établir aussi près de l'ennemi que la sécurité du service pourrait le permettre. J'eus la chance bien inespérée qu'il m'invita à l'accompagner. Transporté de joie, et remerciant ma bonne étoile, qui me procurait une si belle occasion de courir le pays dans des conditions exceptionnelles, je me retins pour ne pas sauter au cou de M. Robert. En un clin d'œil, il me fit seller un délicieux cheval arabe qui me rappelait celui que pendant mes dernières années de lycée j'avais eu, à Reims même, à ma disposition et avec lequel j'avais fait souvent de longues courses. Il attacha à ma petite personne comme ordonnance, un brave et gentil garçon des chasseurs à cheval de la garde, et nous partîmes suivis d'un piquet de cavaliers. Le temps était magnifique. J'étais dans un ravissement inexprimable.

En chevauchant sur le sol de l'antique Chersonèse en compagnie d'un aimable et spirituel compatriote qui m'offrait l'hospitalité du camp, je me croyais le jouet d'un rêve. Puis, mon imagination vagabonde évoquait les traditions légendaires de l'Iphigénie en Tauride et les souvenirs historiques de Mithridate —de Wladimir, de Pierre le Grand et de Catherine.

Après maintes excursions dans le passé, revenant aux événements contemporains, je demandai, indiscrètement peut-être, à M. Robert ce qu'il pensait de la situation.

— Sans le typhus et le choléra me répondit-il, elle ne serait pas mauvaise, malgré les sacrifices énormes qu'elle nous impose. Mais je crois qu'il y a lieu de brusquer un peu les choses. Au début de la guerre, on a perdu un temps précieux.

On est arrivé ici sans aucun plan, sans préparation, sans matériel, sans outillage et de plus l'expédition de la Dobrutscha a été un désastre. On a donc perdu aussi beaucoup de monde. Il importe d'effacer au plus vite ces mauvais précédents et d'en finir aussitôt que possible pour épargner à notre pays de nouvelles calamités. Enfin il nous faut une victoire décisive; il faut prendre Sébastopol et puis offrir la paix, mais cette paix que nous devons accepter et provoquer dès qu'elle pourra être honorablement conclue, les Anglais sont bien moins disposés que nous à la faire. Le but qu'ils poursuivent, ce n'est pas seulement la défaite et l'humiliation des Russes, ils se soucient fort peu de la question des *Lieux Saints*. Ils sont plus positifs, plus pratiques et plus acharnés. Ce qu'ils veulent,c'est l'anéantissement total de la marine et des ports de la Russie dans la mer Noire. — Mais,dis-je, il n'est pas de notre intérêt d'aller jusque-là — Non, car nous ne ferions que changer d'ennemi, nos alliés d'aujourd'hui seraient nos adversaires de demain.

Cependant, sur notre parcours, nous ne rencontrions ni village,ni maison,ni cabaret, ni passants, ni troupeaux. Plus nous avancions dans ces steppes, plus le pays devenait aride et désolé. Pas un arbre,pas un brin de gazon. La guerre avait passé par là, et la trace de ses ravages était empreinte à presque chaque pas. De riantes villas avaient été renversées, incendiées. Toute une vaste région de vignes avait été dévastée, car indépendamment des propriétaires indigènes viticulteurs, des colonies allemandes se livraient à la culture de cépages asiatiques et obtenaient, disait-on, des vins qui ne manquaient pas de mérite et que j'ai le regret de n'avoir jamais eu l'occasion de déguster.

Si la zône que nous traversions était dépourvue de toutes séductions, le fond du tableau offrait une compensation. D'admirables collines d'un bleu foncé dessinaient des lignes pittoresques et harmonieuses, et à l'aide d'une longue-vue, il nous semblait apercevoir des bois, des prairies et des constructions. Etait-ce une illusion d'optique ? Nous échangions nos conjectures, lorsqu'au tournant d'un chemin, mon cheval fit brusquement volte-face et sans que je pusse le maîtriser, m'emporta à toute vitesse dans la direction opposée. Je ne savais à quoi attribuer cette fugue insolite. Mais lorsque je parvins à le ramener, on me montra une escouade de chameaux qui venaient de croiser notre petite troupe et qui filaient à angle droit de la direction que nous suivions. L'incartade de mon coursier ne m'en parut pas moins scandaleuse ; car en sa qualité d'arabe, d'enfant du désert algérien, j'étais fondé à croire qu'il devait être dans les meilleurs termes avec les chameaux. C'était une erreur.

Après deux heures de marche environ nous arrivâmes à un poste français, et comme à dater de ce moment, M. Robert avait besoin de quelques heures pour des recherches spéciales, il voulut m'épargner l'ennui de l'attendre à rien faire, et il eut la bonne pensée de m'engager à aller visiter un monastère grec, situé à deux lieues de là environ sur la pointe d'un cap. Aussitôt je remontai à cheval, accompagné de mon chasseur pour guide.

Par la route que nous suivîmes, le paysage devenait de plus en plus aride et désert ; et aucun incident ne signala notre marche qui était d'ailleurs doublement difficile par les aspérités et les dégradations du terrain. Ce ne fut qu'après plus de deux heures que nous atteignîmes le but de l'excursion.

J'étais venu en Crimée voir des scènes de guerre et de terreur : un contraste charmant m'attendait dans ce petit coin de terre.

Arrivés à la première enceinte du couvent, nous mîmes pied à terre et j'entrai seul. Je pénétrai dans l'intérieur sans rencontrer âme qui vive. Etonné, je descendis, toujours seul, un grand escalier taillé dans le roc et je me trouvai bientôt en face d'une scène dont je garderai un souvenir ineffaçable.

Qu'on se figure un cloître moitié église moitié forteresse, construit dans les replis d'un immense banc de roches granitiques disposées en amphithéâtre, qui l'isolent absolument de la terre, à 350 ou 400 pieds à pic sur la mer, en face d'un horizon sans bornes. Au bas du rocher, une baie ravissante, demi circulaire, fermée de chaque côté par des pitons et des cônes volcaniques, gigantesques sentinelles qui semblent en défendre l'accès. De chaque côté, des sentiers pratiqués en pente douce et sinueuse, ombragés par des buissons de rosiers, d'églantiers, d'acacias, qui parfument l'air et qui conduisent à des pelouses merveilleuses, émaillées de fleurs, et ces pelouses se perdant dans la mer *sans aucune interruption*. Et la mer, elle-même ! Qu'elle était splendide sous cet aspect ! Un ciel bleu argenté d'une profondeur inouie qu'elle reflétait comme un miroir infini ; des flots d'une limpidité et d'une transparence telle qu'en se penchant sur l'eau on distingue à 50 ou 60 pieds des végétations marines colossales. Qu'on se représente, si on le peut, un site de ce caractère et l'on aura une faible idée du monastère de Saint-Georges.

Je m'étendis sous un ombrage et cueillis quelques fleurs comme souvenirs. Il me semblait que je nageais dans quelque rêve fortuné. Je me laissai descendre la pente de la rêverie. Tout à coup une harmonie céleste m'arriva d'un seul jet. J'aspirais avidement une musique toute nouvelle pour moi. C'était le chœur des moines grecs qui célébraient dans la chapelle, à quelques pas de là, je ne sais quelle fête. Cette sensation si inattendue compléta l'enchantement. Il ne s'agissait plus de la Crimée, de Sébastopol, de milliers d'hommes qui mouraient dans le désespoir en tournant leur dernier regard vers la terre natale. Non ! tout fut pour un moment oublié ! Je me sentis imprégné d'un bien-être idéal et j'absorbais avec délice les harmonies qu'il m'était donné de savourer. J'étais sous l'empire d'un prestige moitié sensuel, moitié ascétique qui m'inspirait à la fois des idées de renoncement et d'extase. Puis le sentiment psychologique, resté chez moi très vivace, prit le dessus et déborda de mon âme. Je me surpris à rendre hommage à cette puissance infinie d'un créateur qu'ont reconnu et proclamé Newton, Leibnitz, Voltaire, Jean-Jacques Rousseau, Lamartine et Victor Hugo.

L'idée de Dieu remplit mon être et je tendis les mains au ciel en invoquant l'Eternel pour les cœurs qui m'étaient chers, pour la Patrie bien aimée, dont neuf cents lieues me séparaient et que je ne devais peut-être pas revoir.

Longtemps je restai sous le charme d'une émotion indéfinissable. Jusque-là, en fait de chants grecs religieux, je n'avais entendu que des mélopées ou plutôt des psalmodies criardes, barbares, à déchirer les oreilles. Mais ces diables de moines chantaient admirablement bien une mélodie grave et accentuée, d'un caractère vraiment idéal. De plus, une justesse irréprochable et par moments des accords de l'effet le plus saisissant.

Ma rêverie se prolongeait, mais le canon qui éclata tout à coup, répercuté avec un bruit formidable par les échos des rochers, me réveilla en sursaut. Eh ! quoi ! Ici une sérénité radieuse, un calme céleste, une nature paisible et splendide, et à quelques lieues de là, 250,000 hommes s'acharnaient *sans haine* à se détruire, et la terre, qui séparait le monastère du théâtre de l'horrible destruction, recouvrait à peine 40,000 corps mal enterrés.

A cette odieuse pensée, mon enthousiasme religieux s'évanouit, et je dois dire, à trente ans de distance, que je ne suis pas bien sûr de n'avoir pas *in petto* rétracté l'acte de foi, d'amour et d'adoration qui, une demi-heure auparavant, s'était élancé du fond de mon âme. Car hélas ! telle est la triste, l'inexorable condition faite à l'humanité, qu'un homme au cœur pur, un homme sincère et éclairé qui *ne veut et ne peut croire* à quelque chose qu'avec l'adhésion de sa raison, est fatalement condamné à osciller sans cesse du doute à l'espérance et de l'espérance au doute, sans jamais pouvoir atteindre jusqu'à la foi sereine, inébranlable !

Le grand poète du XIX° siècle, Victor Hugo, l'a dit :

Tout corps traîne son ombre et tout esprit son doute.
Plus de clarté peut-être aveuglerait nos yeux...

Questions accablantes qui sont le privilège et le tourment de notre âme, et sous lesquelles l'esprit humain fléchit sans pourtant s'avouer jamais vaincu, tant elles exercent sur lui, une attraction irrésistible !

Réveillé en sursaut de mon extase et de ma contemplation par le feu des batteries, je visitai rapidement la chapelle d'où m'étaient venues les pures harmonies qui m'avaient charmé: je jetai un dernier regard sur le merveilleux spectacle qui me laissait un souvenir si profond et je remontai à cheval pour rejoindre M. Robert non sans avoir donné un coup d'œil au bureau du fameux télégraphe sous-marin nouvellement établi dans une aile isolée du couvent et qui passant par Varna aboutissait au cabinet même de l'empereur Napoléon III aux Tuileries.

C'est ce télégraphe, a-t-on affirmé, qui porta au général Pélissier l'ordre de donner l'assaut à Malakof, et de remporter à tout prix une victoire pour le 18 Juin. Le général aurait répondu qu'il fallait attendre deux ou trois jours de plus, qu'on n'était pas suffisamment prêt, qu'il était indispensable de compléter le stock de fascines, d'échelles et de gabions. L'ordre formel fut réitéré et le 18 juin eut lieu le premier assaut donné à Malakoff, grave échec qui en quelques heures nous coûta plus de deux mille hommes et deux généraux.

Mais pourquoi donc fallait-il, coûte que coûte, donner l'assaut le 18 Juin. Ah ! c'est qu'on voulait une victoire pour compenser l'anniversaire de Waterloo ! Et c'est à cette idée que furent sacrifiés des milliers de jeunes gens, à tout jamais perdus pour leurs familles et leur pays !

Quand nous arrivâmes au poste français, M. Robert était parti. Je dus avec mon chasseur rejoindre le camp. Il commençait à se faire tard et nous avions encore une longue course. Mon guide coupa au court. Il nous engagea dans une sorte de vallon ou plutôt de ravin, bordé de talus escarpés, où nous lançâmes nos chevaux au galop. Ici, me dit le guide, il faut passer vite. Le terrain était comme mouvant et bientôt nous fûmes infectés par des émanations putrides. Nous passions à toutes brides sur un espace semé de cadavres mal enterrés et par-ci par-là on voyait surgir un pied ou une main. Pendant un quart d'heure nous filions à toute vitesse pour échapper à la peste et à la répugnance trop légitime que j'éprouvais à fouler des corps humains.

Nous rejoignîmes le camp à la tombée du jour. Fidèle à ses aimables propositions du matin, M. Robert m'offrit le dîner et le gîte sur une botte de foin dans sa baraque. J'acceptai pour le lendemain. Mais ce soir-là j'étais attendu à Kamiesch et je tenais à y retourner.

Je partis seul. La nuit était venue. J'avais après une journée à cheval, après deux nuits sans sommeil pendant ma traversée de Constantinople à Kamiesch, j'avais, dis-je, près de deux lieues à faire à pied pour gagner le matelas où je me promettais un repos bienheureux. Je fis le chemin par une chaude soirée assez obscure, et craignant de m'égarer en prenant des sentiers qu'on avait essayé de m'indiquer, je suivis la route dans toutes ses sinuosités, ce qui me parut bien long. A ma droite, j'entendais le canon qui ne cessait pas et je frôlais la ligne du camp français gardée par des vedettes qui vous faisaient sommation de passer au large, sommation à laquelle il fallait s'empresser d'obéir respectueusement.

A dix heures et demie j'étais en possession du matelas si ardemment convoité et je m'endormis du sommeil d'un juste éreinté.

Le lendemain matin, à 7 heures, je reprenais la route du camp, toujours à pied suivi d'un portefaix turc que j'avais chargé de quelques provisions. Le soleil était ardent ; j'arrivai en nage. Je déjeunai au quartier général à la table de M. Robert au milieu de ses collègues et de ses amis, auxquels j'offris le Champagne. On parla de la France, on but à la victoire et à la paix,

Pour compléter ses explorations, M. Robert devait ce jour-là parcourir les lignes de tous les campements. Cela nous assurait une journée de douze lieues au moins. Je nageais dans la joie. A midi nous étions à cheval sans parasol, par 37 à 38 degrés de chaleur. Une escorte d'une douzaine d'hommes nous suivait.

La perspective de la journée qui se préparait était un enchantement pour moi. J'avais fait la veille connaissance avec mon cheval qui était souple, ardent, doux, facile, rapide et d'une allure à souhait. De ce côté j'étais parfaitement tranquille; pourtant, je faisais le vœu qu'il ne rencontrât plus de chameaux, puisqu'il avait manifesté pour eux un si grand éloignement.

J'allais voir tout le pays occupé par les alliés et tous les terrains illustrés par les combats livrés depuis l'entrée en campagne, excepté l'Alma qui est dans une autre direction.

Nous passâmes en premier lieu à travers les lignes anglaises. Tout d'abord je remarquai la tenue, la propreté et aussi la raideur des soldats anglais. Quelle différence avec nos troupiers là-bas si négligés, si dégingandés, si débraillés, mais si pleins d'entrain ! On croirait vraiment que les Anglais ont la faculté de transporter avec eux leur milieu social... Au Caire ou à Lisbonne, à Paris ou à Singapour, ils restent les mêmes partout et trouvent le moyen d'appliquer partout leurs habitudes. Croirait-on que pour charmer les loisirs que leur laissait le siège de Sébastopol, les jeunes gentlemens-riders du camp britannique avaient trouvé le moyen d'établir un champ de courses et nous vîmes en effet une cavalcade d'officiers *et de dames* se diriger vers le turf où ils allaient eux-mêmes se disputer les prix. Ces dames étaient de jeunes ladies qui étaient venues d'Angleterre tout exprès pour assister aux événements de la guerre et prodiguer leurs soins à leurs compatriotes blessés.

Dans le camp français, le beau sexe était loin d'être autant représenté.

En fait de dames, je n'en vis qu'une seule, Mme la générale Dardaine.

Bientôt, nous franchissions le col de Balaclava. Je vis le théâtre de la lutte acharnée, héroïque, le ravin où eut lieu la charge légendaire des cavaliers anglais qui se firent hacher par les boulets russes. Mais en ce moment tout était calme, rien ne dénonçait qu'il s'était passé là un horrible drame; rien ne faisait penser à l'affreux carnage, rien, si ce n'est par moments d'effroyables bouffées de pourriture humaine. Le sol était pavé de cadavres et la terre, fendillée sous l'action du soleil, exhalait des miasmes asphyxiants. Quand la pluie détrempait la terre, chaque pas d'homme ou de cheval faisait un trou et foulait les restes de corps à peine enfouis.

Dépouillé de ses vignes, de ses vergers, de ses maisons de campagne, le col de Balaklava était nu, mais encadré de belles roches d'où l'on plonge sur la mer. Au sommet surmonté d'imposants vestiges de deux grandes tours construites par les Génois, nous vîmes un poste de tirailleurs écossais *(riflemen)*.

Pour gagner les campements piémontais nous eûmes à traverser de jolies vallées semées çà et là de pièces de vignes abandonnées par les habitants, de vergers dévastés, de chaumières en ruines. Plus loin de vastes marécages où se vautraient des troupeaux de buffles employés aux transports militaires et parfois, de délicieux bosquets d'églantiers et d'acacias qui nous enivraient de leurs émanations.

Il était écrit que nous aurions encore

affaire aux chameaux. Au détour d'un sentier, notre troupe en rencontra deux, et il suffit de ces deux maudites bêtes pour jeter le trouble en nos rangs. En un clin d'œil, mon cheval, lancé à fond de train malgré tous mes efforts, m'emporta à près d'un kilomètre, en franchissant, au risque de nous briser tous deux, rochers, ruisseaux et fossés. Enfin il s'apaisa et je pus le ramener, mais il était ruisselant d'écume et tremblait convulsivement. Je fis un détour pour éviter les formidables chameaux dont cette foi j'avais presque aussi peur que le cheval et je rejoignis rapidement mes compagnons quelque peu inquiets de moi. M. Robert avait eu la moitié de ma mésaventure. Son cheval aussi avait fait volte face et s'était emporté, quelques autres s'étaient effarés, de telle sorte que deux chameaux paisibles avaient eu la gloire de disperser une escorte de cavaliers français.

Après une longue marche, tantôt sur la crête de rochers volcaniques, tantôt au fond d'herbages plantureux et touffus où les chevaux entraient jusqu'au ventre, nous atteignîmes la région occupée par l'armée piémontaise, que le choléra décimait misérablement.

Pendant que M. Robert allait conférer avec des collègues, je mis pied à terre et entrai dans une chapelle dévastée, située au sommet d'une côte et qui servait de corps de garde à un poste avancé, très exposé aux projectiles de l'ennemi. L'officier sarde parlait français. Il m'accueillit fort courtoisement et, sur l'autel même, nous trinquâmes à la France et à l'Italie en absorbant un verre d'excellent vin d'Asti baptisé d'eau fraîche.

Une demi-heure s'écoula en fumant et en devisant de la guerre. Pour amortir la chaleur extrême qui envahissait la chapelle par les vitres brisées et le toit à moitié effondré, les soldats sardes avaient pris l'habitude ingénieuse de tapisser les murs avec des branchages feuillés que de temps à autre ils saturaient d'eau fraîche. Il y avait là sur les murs des fresques assez curieuses par leur dessin primitif et leur exécution naïve ou grossière et de plus une figure colossale de la vierge qui avait l'air furieux de voir son sanctuaire pollué et profané par des malandrins et des parpaillots.

Bientôt nous reprîmes notre route par des pentes buissonneuses et fleuries. Nous arrivâmes à un quartier de cavalerie et après avoir franchi une série de mamelons couronnés d'une épaisse végétation, nous descendîmes aux rives de la Tschernaïa, petite rivière qui va se perdre dans la baie de Sébastopol, à quelques kilomètres et qui séparait le terrain occupé par les armées alliées des positions russes.

Nous voulions franchir un petit ruisseau ou une sorte de canal qui coule parallèlement et forme comme un des bras de la rivière.Les bords étaient trop escarpés, nous fûmes obligés de suivre la rive par un sentier qui, allant toujours en rétrécissant nous ferma bientôt tout passage.

Nous étions en face d'un fouillis inextricable de buissons, de ronces et d'épines côtoyant un rocher à pic qui serrait le courant à deux pieds à peine de distance ! Nos chevaux étaient littéralement suspendus sur le lit du ruisseau. Un faux pas et nous étions précipités. Nous mîmes pied à terre pour sonder le terrain, qui fut reconnu impraticable. A grand'peine, tant nous étions engagés, nous pûmes retourner nos chevaux pour rétrograder.Cela nous fit perdre du temps. Nous nous étions fourvoyés. Au bout d'une demi-heure, nous rencontrâmes dans la direction opposée un petit pont qui nous donna passage et nous gagnâmes alors la Tschernaïa.

Le moment était assez heureux pour cueillir quelques émotions. La rivière coule parallèlement à un rang de hautes collines armées de formidables batteries russes dont deux avaient été désignées par nos soldats sous les noms pittoresques de *Gringalet* et *Bilboquet*.

Ces batteries étaient défendues par une nombreuse infanterie dont, à distance, on distinguait les factionnaires. Tous les jours, la cavalerie française campée sur la rive gauche faisait boire ses chevaux dans la rivière, mais il fallait les protéger par une forte grand'garde qui passait sur la rive droite. Un escadron de dragons en grande tenue, carabine au poing, avait passé l'eau et stationnait immobile comme des statues, l'œil fixé sur les collines où reluisaient les baïonnettes russes. Nous voyions nettement les sentinelles ennemies séparées par un court intervalle de nos éclaireurs qui étaient échelonnés en avant de la grand'garde en face de chaque sentier ouvert dans les rochers.

— L'ennemi nous voit parfaitement, surtout vous, monsieur, me dit un officier, avec votre burnous blanc qui lui sert d'excellente cible. Comment se fait-il donc qu'il ne tire pas sur nous ? C'est étonnant ! Chaque fois qu'on mène les chevaux à l'abreuvoir, les boulets de ces damnées batteries en enlèvent toujours quelques-uns.

Ces paroles qui n'étaient pas autrement rassurantes, me jetèrent dans le dos un léger frisson. J'avais bien envie de retirer mon burnous blanc, mais l'amour-propre fut plus fort que la peur. Je n'avais pas, du reste, la prétention d'être plus brave qu'un pékin qui s'expose au feu pour la première fois et je me rappelais qu'Henri IV lui-même, au dire de Tallemant des Réaux, chaque fois qu'il arrivait en présence de l'ennemi, éprouvait... dans l'intestin un trouble auquel, coûte que coûte, il fallait céder. On sait qu'il n'y a rien de tel qu'un poltron quand il s'y met et c'est ce qui explique ce mot charmant, et plus profond qu'il n'en a l'air, dans l'opéra comique si populaire *Le Châlet*, à propos du petit berger Daniel : « *Faut-il qu'il soit brave tout de même, pour se battre avec une peur pareille !* »

Mon cheval, qui avait soif, et qui, lui, ne calculait pas le danger, voulut faire comme ses camarades qu'il voyait dans la rivière. C'eût été bien égoïste et bien pusillanime à moi de lui refuser cette satisfaction. M. Robert en jugea de même et tous deux nous entrâmes dans l'eau avec nos montures.

Pendant que, tout entier au spectacle qui m'entourait, je lorgnais les vedettes russes perchées dans les rochers qui nous faisaient face, mon cheval auquel il fallait un bain complet jugea à propos de se coucher dans la rivière et je me trouvai tout à coup rafraîchi jusqu'à la ceinture. Relevé brusquement, il fit un bond et tomba dans un trou qui compléta le bain pour lui et pour moi, aux grands éclats de rire de mes compagnons. Un second élan du brave cheval nous tira du mauvais pas et je me trouvai sans le vouloir sur la rive droite de la Tschernaïa à deux pas de la dernière ligne de la grand'garde de dragons. Puisque j'y étais, puisque le hasard m'y avait porté, j'eus la gloriole d'y rester quelques instants et même d'y faire quelques pas en avant et j'atteignis la tête de la colonne.

Juste à ce moment la batterie *Bilboquet* se couvrit de fumée. Trois ou quatre détonations retentirent et quelques boulets nous arrivèrent dont l'un enleva un cheval à dix pas de moi. Je me tins pour suffisamment averti : je ne demandai pas mon reste. Je fis volte-face et me repliai en bon ordre... précipité. Je repassai la rivière sans nouvelle immersion.

Je retrouvai M. Robert qui avait eu l'obligeance de m'attendre et nous allâmes ventre à terre rejoindre le général Morris qu'on nous avait signalé comme passant à une demi-lieue de là et avec qui M. Robert avait à faire. Nous longeâmes alors sur sa rive gauche la Tschernaïa à portée de canon de ces redoutables collines à pic, d'un aspect si beau que les Russes occupaient.

A peine nous étions-nous éloignés de l'abreuvoir que la canonnade se renouvela sans cesser pendant plus d'une heure et dut faire des victimes.

Après vingt minutes nous rencontrâmes en effet le général Morris et nous cheminâmes avec lui et les deux escortes l'espace de quelques kilomètres. Bientôt nous touchâmes au camp turc.

Les soldats jouaient aux osselets, d'autres fumaient des chibouques. Les tambours et les musiques s'exerçaient. Les sentinelles respiraient le frais sous des parasols de feuillages construits pour les abriter. Partout l'image de la sérénité et de la confiance. Un détail me frappa parce qu'il fait honneur à la propreté et à la pudeur des musulmans qui valent d'ailleurs bien plus qu'on ne pense généralement, surtout dans les classes moyennes de la population. Je voyais en plein champ, d'espace en espace, des sortes de tentes carrées non couvertes et de la hauteur d'un homme de moyenne taille. Ces tentes formaient ainsi de nombreux enclos dont je ne devinais pas l'usage. Je demandai à quoi elles servaient : c'était les *water-closets* des fils du Prophète. Je vous garantis que nos zouaves, nos turcos, nos soldats de ligne et nos alliés les Anglais ne prenaient pas tant de précautions pour rendre à la nature ce qui est à la nature. C'est en pleine lumière, c'est à la face du soleil que, dédaignant tout mystère, ils accomplissaient les fonctions humiliantes, et vraiment ils ne se gênaient guère.

Bientôt il nous fallut gravir d'âpres montagnes pour atteindre la droite du camp français, nous rencontrâmes dans des gorges des bataillons entiers qui rassemblaient et emportaient au camp des gabions. De temps à autre éclataient des chants et des fanfares et de temps en temps aussi nous arrivaient des souffles pestilentiels qui rappelaient la boucherie humaine. A quelques pas de là, dormaient des milliers d'hommes à peine recouverts de terre.

Le soir était venu ; nous pressâmes nos chevaux pour regagner le quartier général. Heureusement la soirée était belle et le ciel magnifique. Enfin nous atteignîmes au but. Nous avions fait une séance de plus de neuf heures à cheval. Nous soupâmes de bon appétit, et après un bout de causerie avec mon aimable amphytrion, je m'étendis à terre sur un lit de foin couvert d'un manteau et m'endormis au bruit du canon qui ne cessa pas de me bercer la nuit entière. Je m'y accoutumais.

Après six heures d'un sommeil profond, je fus réveillé par le bruit des tambours et des clairons. Plus moyen de dormir, il fallut se lever avec le camp tout entier. Donc, à 6 heures 1/2, après avoir fait le tour du quartier général, avoir entrevu le général Pélissier qui avait succédé dans le commandement en chef au général Canrobert (lequel était absolument au-dessous de la situation) et échangé quelques mots avec plusieurs convives de la veille, j'enfour-

chai ma monture. Ce n'était plus hélas !
le délicieux cheval arabe de M. Robert,
mais une simple mule fort entêtée, fort
rebelle à conduire, comme la plupart des
individus de sa race.

Je m'acheminai à travers les campements pour m'approcher de Sébastopol
autant que possible et visiter rapidement
quelques-uns des travaux de siège les plus
proches de la place.

Longtemps je chevauchai entre des ran-
gées de tentes peuplées de soldats de toutes armes, fantassins et cavaliers. Partout régnaient l'activité et la gaîté.

Rien ne retraçait l'image des combats
acharnés qui s'étaient livrés quelques
jours auparavant. Mais que les soldats en
campagne ressemblent peu aux soldats en
garnison ! La discipline me parut à peu
près nulle. Les uniformes déguenillés
étaient méconnaissables. Tous les hommes
que je vis portaient la barbe longue. Les
figures hâlées, chétives, les corps amaigris
témoignaient des privations et des souffrances endurées. Les chevaux étaient dans
un état lamentable. Les pauvres bêtes qui
souvent ne trouvaient au réfectoire que
du foin détestable et qui souvent aussi
passaient la nuit à la belle étoile dessé-

chaient sur pieds et mouraient chaque jour par centaines. Nos dragons étaient pour la plupart montés sur des squelettes, et ces squelettes n'avaient pas toujours d'eau potable. J'en ai vu qui refusaient de boire à des ruisseaux où les soldats avaient lavé leur linge. De loin en loin, il y avait des tonneaux remplis d'eau réservée pour les hommes. Ma mule commit l'indiscrétion de plonger son museau dans l'un de ces tonneaux, et aussitôt accourut un soldat furieux qui tira sa bayonnette et voulut en frapper la pauvre bête. Le chasseur qui m'accompagnait eut toutes les peines à calmer son camarade.

L'affaire arrangée avec l'intervention d'un officier, je continuai ma route aussi rapidement que possible. Le canon retentissait et je voulais arriver aux travaux avant que le feu ne fût trop intense et trop nourri. A chaque pas, le bruit m'arrivait plus formidable. Les soldats que je voyais sur mon passage n'y faisaient nulle attention, habitués qu'ils étaient à cette musique. Ils jouaient aux cartes, dormaient, fumaient, chantaient, jouaient au bouchon, faisaient la cuisine, lavaient leur linge, raccommodaient leurs vêtements. Sur ce sol foulé par tant d'hommes et de chevaux, tout vestige de végétation avait disparu, et dans le camp français tout entier, je n'ai vu que deux arbres. De gazon, il n'y en avait pas un brin. Les Anglais et les Piémontais, eux, avaient de la verdure; les premiers avaient même conservé des terrains plantés en vignes et comptaient bien manger du raisin si le siège durait encore.

Notre camp était le moins pittoresque, le moins agréable à l'œil comme situation et comme disposition. Mais du moins les communications étaient faciles et nombreuses, bien qu'on n'eût pas construit de chemins de fer comme les Anglais. C'était un perpétuel va-et-vient de convois qui allaient du camp à Kamiesch et de Kamiesch au camp chercher et rapporter des grains, du biscuit, des fourrages, des vins, des munitions, des armes, des outils, des harnais, etc., etc., etc. Aussi quel tohubohu et quelle poussière aveuglante !

Bientôt je dus changer de direction et m'engager avec mon chasseur sur une grande route nue frayée à travers champs. Après avoir monté et descendu pas mal de collines, j'arrivai à un plateau d'où je voyais la mer au loin mais sans encore découvrir la villé qu'un repli de terrain me dérobait.

Le chasseur qui m'accompagnait n'ayant jamais poussé plus loin ne pouvait plus me servir de guide. Je fus alors assez embarrassé. Je cherchai à m'orienter. Je n'apercevais absolument personne. Un pareil isolement me semblait inexplicable à quelques pas d'un camp de 200,000 hommes et d'une ville assiégée.

Je fis quelques pas au hasard dans la direction que je jugeais devoir me conduire aux travaux. Les coups de canon que j'entendais me semblaient être tirés de bien près, et je n'apercevais ni maison, ni homme, ni mur, ni redoute ; il me semblait que j'étais le jouet d'un rêve. Bientôt, tout en continuant au hasard, je rencontrai des trous dans la terre ; je descendis de ma mule, donnai la bride au chasseur et regardai... Je trouvai ça et là des éclats de bombe énormes qui avaient dû produire des ravages effrayants et puis bientôt d'incroyables quantités de boulets, de balles et de projectiles de tout calibre. Le sol en était jonché. Quelle lugubre moisson au lieu de celle que la nature devait donner. Je sentis mon cœur se serrer et comme j'interrogeais l'horizon pour savoir où me diriger je vis accourir au galop un cavalier à l'uniforme français. Je lui fis signe de mon chapeau ; il vint à moi sans ralentir sa course et quand il me croisa, il me jeta ces mots : « Descendez à votre gauche, ici vous n'êtes pas en sûreté. »

Au même instant une effroyable détonation ébranla le sol sous nos pieds, sans que j'eusse entendu siffler aucun projectile. Nous étions dans le fameux ravin aux boulets.

Je me hâtai de profiter de l'avis et quittai un endroit qui d'un instant à l'autre pouvait devenir des plus malsains. Au bout d'un quart d'heure de marche dans un second ravin qui n'était guère moins criblé de projectiles et dont j'étais impatient de sortir, nous débouchâmes sur un vaste terrain en pente douce où se dressaient isolés, à distance l'un de l'autre, trois bâtiments que je reconnus à la description qu'on m'en avait faite : c'étaient le *Clocheton*, la *Grande Ambulance* et l'*Observatoire*. Avec ces trois points devant les yeux, je ne pouvais plus m'égarer. Çà et là d'ailleurs circulaient des uniformes. J'étais bien sur la route des tranchées. A quelques centaines de mètres du point où j'étais, commençaient les boyaux. Laissant à ma gauche l'ambulance que j'aurais voulu visiter et que je comptais voir au retour, longeant un cimetière où des masses de chaux répandues à terre pour consumer les restes infects des malheureux tués récemment ne suffisaient pas à absorber tous les miasmes, j'allai droit au clocheton, position où arrivaient encore à tous moments les boulets des forts russes. J'avais une lettre d'introduction pour l'officier qui commandait ce poste avancé que nous avions fortifié de redoutes incomplètes.

J'abordai l'officier, dont je regrette de n'avoir pas conservé le nom, en lui présentant une lettre de M. Danglars, le commandant de la plage de Kamiesch.

Monsieur, lui dis-je, je suis porteur d'un mot qui vous demande pour moi l'autorisation de parcourir les tranchées. — Très bien, monsieur. Vous voulez descendre dans les tranchées ? Mais permettez-moi de vous demander : êtes-vous ou avez-vous été militaire ? — Non, mon officier, jamais. — Alors je dois vous prévenir du danger que vous allez courir. — Quel danger, je vous prie ? — Mais dame ! le danger que nous courons tous, quand nous allons à la tranchée. — Est-ce qu'on s'y bat en ce moment? — Je ne crois pas, mais cela peut venir d'un instant à l'autre. Et puis cela n'empêche pas les Russes de tirer constamment et de nous envoyer des boulets, des obus et des bombes dont il tombe toujours une bonne partie dans les tranchées qu'ils connaissent et qu'ils visent *au jugé* le plus soigneusement qu'ils peuvent. — De sorte qu'il est très possible d'y recevoir quelque forte dragée? — Oui certes, mais, en général, nous n'y perdons pas plus de six à huit hommes par jour (sauf les attaques), quand le feu n'est pas plus fort qu'aujourd'hui. — Eh bien! mais alors, il y a de très grandes chances d'en revenir sain et sauf? — Assurément. — Eh bien! si vous aviez l'extrême obligeance de me faire accompagner par un de vos hommes pour que je ne sois pas exposé à être arrêté et fusillé comme espion, je suis prêt. — Très bien, mais laissez ici, si vous voulez bien, votre burnous blanc qui est un point de mire à souhait, et puis, avant de descendre permettez-moi de vous donner la goutte et je me ferai un plaisir de vous offrir moi-même l'hospitalité de la tranchée où j'irai avec vous.—Bravo et merci! Buvons la goutte!

Nous absorbâmes un verre de cognac, et au moment où nous humions la dernière goutte :

Tenez, me dit-il, voilà qui vous donne un avant-goût des plaisirs de la tranchée : avez-vous entendu siffler l'oiseau ? — Oui, sans doute. — C'est un fort projectile qui n'a pas dû passer loin d'ici. Allons, encore une goutte ! C'est peut-être la dernière ! — Capitaine, vous n'êtes pas encourageant, mais vous me prodiguez les cordiaux; vous voulez me tremper le cœur dans l'alcool. Merci, je refuse en ce moment votre goutte pour vous la demander au retour. — Allons, allons ! pour un pékin, c'est honorable. — Mon Dieu ! je ne suis pas autrement rassuré, mais je tiens à voir. Il est très possible que je sente en moi remuer quelque chose, je ne dis pas non, mais je vous promets de vous suivre et je vous suivrai ! — Eh bien ! allons-y gaiement.

Nous partîmes avec un nouveau soldat. Au bout de quelques minutes, le capitaine, en me montrant sur un petit mamelon un fort parapet à l'abri duquel se tenait un factionnaire, me dit : — « Tenez, voici un endroit d'où vous découvrez déjà la ville. C'est assez dangereux, mais la distance est

courte et nous n'y resterons pas ; nous ne
ferons que passer. Si vous entendez siffler
une bombe, jetez-vous ventre à terre, sans
bouger, jusqu'à ce qu'elle ait éclaté. »

Nous traversions au pas de course l'espace qui nous séparait du parapet qui
avait d'abord servi d'observatoire. Là,
abrité derrière un rempart de pierre et
muni d'un excellent binocle, j'examinai
avec une avide curiosité l'échappée de vue
qui me découvrait une notable partie de
Sébastopol, encadrée entre les lignes de
deux grands ravins. L'aspect était beau,
imposant. Je vis distinctement des places,
des monuments, des casernes et des maisons blanches illuminées par un soleil admirable qui jetait sur tout une lueur do-
rée.

Perdu dans la contemplation de ce beau
spectacle, je restai là quelques minutes.
Mais le capitaine me tira par la manche
pour me rappeler à la consigne.

De là, pour abréger le temps et le chemin, au lieu de suivre la pente que descendent les soldats quand ils se dirigent
vers les boyaux, nous coupâmes au cour
au risque de recevoir quelque atout, et
traversâmes à découvert un espace de
3 à 400 mètres qui était constamment sil-

lonné par les boulets. Dieu merci, ceux qui furent lancés pendant notre passage tombèrent à gauche et à droite, à distance honnête et modérée. Mais en vérité à quoi tiennent les choses et de quoi le hasard ne peut-il être accusé ou béni ? J'aurais pourtant assez aimé voir une bombe éclater à quelques pas. Mais à tout prendre le jeu était malsain, et dans l'incertitude de gagner la partie mieux valait ne pas la rechercher, sauf à faire contre fortune bon cœur, si l'on avait à jouer la carte forcée.

Enfin, nous arrivâmes à l'angle d'un profond fossé qui suivait un cours sinueux. Nous sautâmes dedans en prenant nos précautions; nous étions dans les tranchées.

C'était un fossé d'environ 6 pieds 1/2 de profondeur avec la terre rejetée en parapet du côté de la place et des redoutes ennemies, et dessiné en zig-zags infinis sur un parcours, me dit-on, de près de 40 kilomètres (10 lieues). Les soldats circulaient dans ces fossés pour vaquer aux divers services et pousser les travaux d'approche de l'enceinte russe. Quand nous y entrâmes, on relevait la garde qui avait passé la nuit. Il fallait voir toutes ces figures à l'expression martiale et calme à la fois ! On emportait quelques blessés qui ne paraissaient nullement abattus. Les soldats de la garde descendante s'en allaient riants, le lazzis sur les lèvres. Ils marchaient les rangs rompus et plusieurs chantaient la *Marseillaise* qui, alors proscrite en France, était tolérée sur la terre ennemie. Les soldats de la garde montante pour le service de la tranchée arrivaient pleins d'assurance, d'entrain et de gaîté.

Nous cheminâmes près de trois quarts d'heure dans les tranchées, foulant aux pieds une mosaïque en relief de boulets incrustés dans la terre ou dans le roc. Quelle pluie de projectiles s'était abattue dans ces sinuosités spacieuses ! C'était vraiment prodigieux ! Et parfois de quelles dimensions gigantesques ! Et le travail des tranchées lui-même était bien remarquable aussi. Souvent il avait fallu couper, tailler, briser ou faire sauter le roc !

C'est dans ces espèces de catacombes que bien souvent la nuit se passaient des drames horribles. Parfois les Russes, pour harceler et déloger nos travailleurs, sortaient de la ville par bandes nombreuses marchaient en silence, faisaient tout à coup irruption dans telle ou telle batterie et s'efforçaient d'enclouer les pièces, en tuant leurs gardiens.

Nos soldats surpris à l'improviste se défendaient à la baïonnette et luttaient comme des lions. Ce qui augmentait l'horreur tragique de ces combats acharnés, c'est qu'ils se passaient dans l'obscurité. On se prenait corps à corps et quand on avait flairé, reconnu un ennemi, alors on ne se lâchait plus, jusqu'à ce que l'un des deux tombât. On frémit à la pensée que tant de braves gens se sont étreints pour se donner la mort, qui auraient pu s'entr'aider et s'entr'aimer ! Que d'actes héroïques de part et d'autre, au milieu même de cette sauvagerie ou de cette barbarie ont été enfouis dans les ténèbres des tranchées !

En vérité c'est à faire prendre en exécration la guerre et surtout ceux qui la provoquent, et en pitié l'espèce humaine qui n'a pas su encore, et qui ne saura peut-être jamais s'en passer !

Guerres de conquêtes, guerres de religion, guerres civiles, guerres de classes, guerres sociales, quand donc l'humanité sera-t-elle assez en possession d'elle-même pour vous répudier et vous flétrir à jamais ? La fraternité ne sera-t-elle donc jamais qu'un rêve, un pur idéal ?

Nous cheminions toujours, le capitaine et moi, au bruit du canon qui partait de forts ou de redoutes situés assez près de nous, mais après avoir suivi de nombreux détours, nous parvînmes à un endroit où la tranchée s'élargissait en une sorte de rotonde encaissée de toutes parts. C'était une batterie, la batterie numéro 13. Dix ou douze pièces de gros calibre étaient braquées sur la ville et passaient leurs énormes gueules par des embrasures d'une ouverture strictement suffisante. Des ouvrages en terre, et des piles de sacs remplis de sable, de gravier et d'herbes protégeaient la batterie contre les boulets ennemis qui parvenaient souvent malgré tout à y pénétrer. Quand nous y passâmes, la batterie était muette, le feu était suspendu. Moitié des artilleurs dormaient blottis sous leurs pièces ; moitié mangeaient dans le plus grand silence, qu'on m'avait recommandé à moi-même d'observer.

A quelques pas de là, en avant, hors de la tranchée, un peu sur la gauche était une embuscade avancée où des tirailleurs français, éclaireurs volontaires, recrutés dans tous les bataillons, échangeaient des balles avec des tirailleurs russes. Je vou-

lus les voir : j'avançai et mè mêlai parmi
eux. Je les vis viser et tirer sur les ennemis que, par moments, je distinguais nettement, accroupis derrière un ouvrage de
retranchement et qui ripostaient aux nôtres par une fusillade assez vive, presque
sans interruption.

Du point où j'étais placé et où je ne restai que quelques minutes, je découvrais
encore la ville de Sébastopol mais cette
fois je la voyais toute proche de moi. De
mes yeux je voyais les rues, les maisons,
les portes et les fenêtres et avec mon binocle je distinguais nettement les rares
passants qui allaient et venaient sur les
places. J'étais là tout à fait à l'extrême-
gauche des attaques françaisès occupées
ce jour-là, je me le rappelle, par les voltigeurs de la garde impériale, à deux pas du
cimetière du faubourg et du fort de la
quarantaine.

Avec les puissants moyens d'action dont
nous disposions et les positions que nous
occupions, je ne comprenais pas comment
on n'avait pas encore écrasé, ruiné, pul-
vérisé tout ce quartier de la ville, comment il restait une seule maison debout...
C'est que j'étais dupe d'une illusion d'optique. Il fallait que les objets fussent plus

éloignés qu'ils me paraissaient. L'extrême pureté, la limpidité incomparable de l'atmosphère, me trompaient sans doute, et me faisaient croire à une proximité illusoire. A la façon dont les choses m'apparaissaient, j'estimais que la batterie n° 13 que je venais de quitter, pouvait être à mille mètres au plus, non pas des premiers murs qui me semblaient presque contigus, mais de la grande place et des monuments qui l'encadraient. Mais c'était là sans doute une grosse erreur. La distance devait être au moins trois ou quatre fois ce que mon œil la mesurait et pour que nos pièces de tout calibre eussent leur action destructive, il fallait sans doute qu'elles fussent établies beaucoup plus près encore.

J'en étais là de mes observations, lorsque voulant jeter un dernier coup d'œil sur une scène que je ne devais plus revoir, je m'avançai jusqu'à la dernière limite, penchant le corps en avant, en parcourant de ma lorgnette, l'horizon que me découvrait l'intérieur de la ville. Au même instant, une balle qui, cette fois, siffla à mes oreilles, passa entre un voltigeur et moi.

— « C'est vous qu'on a visé, me dit le voltigeur. Tenez, le voyez-vous là-bas !

Voulez-vous lui rendre la monnaie de sa pièce ? » Et il me tendait son fusil tout armé. — Ma foi oui ! lui dis-je. Il ne sera pas dit que je serai venu en Crimée, que j'aurai parcouru des tranchées et des batteries, visité une embuscade, enfin que j'aurai respiré l'odeur de la poudre et que je n'aurai pas brûlé une amorce ! Et je pris le fusil et tirai sur le bonhomme qui m'était désigné comme celui-là même qui venait d'envoyer une balle à mon adresse. Quel fut le résultat de ma tentative d'homicide ? Je ne m'en mis pas en peine et je l'ignorai absolument ; mais ma conscience n'en fut pas bourrelée.

Tous comptes faits, c'était le quatrième coup de fusil, ni plus ni moins que je tirais, depuis que j'étais au monde. J'avais tiré le premier sur un loup, le second sur un aigle, le troisième sur un serpent et le quatrième sur un homme. Et depuis, je n'ai jamais tiré le cinquième.

Je courais depuis le matin. Il était midi. J'étais à jeun. Sauf Inkermann, j'avais vu tout ce que je voulais voir. J'avais, en trois jours, visité Kamiesch, le camp français, le camp anglais, le camp sarde, le camp turc, le col de Balaklava, les rives de la Tschernaïa, le pont de Traktir, le clocheton, le ravin aux boulets, les tranchées, deux batteries, une embuscade, j'avais vu par deux échappées l'intérieur de Sébastopol; je jugeai que j'avais acquis le droit de me reposer l'après-midi, ce que je fis, en prenant des notes sur lesquelles après trente et un ans d'intervalle, j'écris ces souvenirs.

Bras dessus, bras dessous, avec le capitaine, je regagnai sans encombre le clocheton. Là, je remerciai cordialement l'aimable officier qui avait bien voulu se faire mon cicérone, et nous trinquâmes une dernière fois. Je fis mes libéralités aux soldats qui m'avaient escorté, j'enfourchai ma mule et, tantôt traversant, tantôt longeant au grand trot les lignes et les retranchements français de la gauche, je rejoignis Kamiesch où je déjeunai d'un appétit fougueux.

Après avoir pris mes notes, je me promenai en observateur à travers ce bazar aussi laid que pittoresque à de certains égards. Chaque jour les vendeurs de toutes sortes affluaient davantage. C'était une vraie tour de Babel avec la confusion des langues. Que d'écume et de lie il y avait parmi ces marchands de toutes races qui venaient là rançonner les officiers et les soldats ! Que de rixes s'élevaient entre acheteurs et vendeurs ! J'ai vu vendre à des prix fabuleux, insensés, des denrées de première nécessité, telles que du pain, des pommes de terre.

J'ai vu vendre de la bière détestable à 2 fr. le flacon, des œufs à 40 c. pièce, des poulets étiques et microscopiques à 6 fr. Aussi nos troupiers, dans leur argot expressif n'appelaient-ils Kamiesch que *Chenapanville* ou mieux encore *Flibustopol.*

Au camp, les soldats oubliaient ces misères et de même que les Anglais avaient leur champ de courses et leurs *steeple-chases,* de même la gaîté française s'était ingéniée à construire un théâtre et y avait réussi. C'étaient les amateurs du 2º régiment de zouaves qui formaient la troupe comique et qui jouaient entr'autres cocasseries, les *Anglaises pour rire,* devant les officiers et les soldats de la reine Victoria qui criaient *Hurrah !* et applaudissaient à tout rompre à la caricature de leurs compatriotes du beau sexe, car entre les camps il y avait alors une sorte de fraternité.

Mais bientôt cette gaîté générale s'évanouit pour faire place à la douleur, à la colère et au désir de porter les grands coups pour en finir au plus vite.

En effet, le 18 juin eut lieu la première attaque sur la redoute de Malakoff.

Plusieurs fautes graves furent commises. On n'avait pas assez étudié le terrain. On n'était pas prêt pour donner l'assaut avec chances de succès. On avait adopté un signal d'attaque qui prêtait aux plus fâcheuses méprises, et ces méprises eurent lieu. Enfin, le général Pélissier obéissant à des considérations personnelles regrettables, à des préventions injustes, avait enlevé le commandement de la colonne d'attaque à l'homme qui pouvait le mieux assurer le succès parce qu'il avait toujours réussi et parce que les soldats avaient en lui une confiance inébranlable, au général Bosquet, et ce commandement il l'avait donné à qui? au général Regnault d'Angély, brave et digne serviteur assurément, mais récemment arrivé, que les troupes ne connaissaient pas, et qui n'avait eu que deux jours pour se rendre compte et se pénétrer de tous les aspects, de tous les éléments et de tous les détails de la situation et du rôle qu'il était appelé à jouer.

Aussi l'attaque manqua-t-elle d'ensemble et de précision et malgré l'intrépidité admirable de nos troupes, nous eûmes en deux heures deux mille hommes tués et

1700 blessés. Parmi les morts étaient deux officiers supérieurs et le général Brunet frappé d'une balle, en tête de sa colonne qu'il conduisait à l'assaut et à laquelle il avait communiqué un élan indicible.

Triste anniversaire de Waterloo ! On avait commandé une victoire : on recueillait une défaite. Tant pis pour les héroïques soldats qui payaient de leur vie le coup tenté par le général Pélissier pour complaire à l'auteur du Deux Décembre, du désastre de Sedan et de la mutilation de la France.

L'échec ne fut réparé que deux mois et demi après. Le 8 septembre l'enlèvement de la redoute de Malakoff entraînait la chute de Sébastopol que les Russes évacuèrent la nuit même. C'était la fin de la guerre.

Pour moi, je n'avais attendu ni les jours de deuil que j'avais pressentis ni l'heure du triomphe qui devait venir si tard et être si chèrement acheté par tant de luttes furieuses et par tant de pertes cruelles.

Après avoir pris congé de M. Robert auquel je devais tant et du commandant Danglars avec lequel j'avais noué d'excellentes relations, j'avais repris le bateau le *Philippe-Auguste* où je retrouvai un autre ami le capitaine Scribanis qui m'avait amené de Constantinople.

Avant le départ, nous vîmes arriver dans un canot pavoisé le général Pélissier qui amenait à notre bord une jeune et fort jolie dame, madame la générale Dardaine.

Après une heureuse et rapide traversée, nous débarquâmes à Stamboul et je me réinstallai à l'hôtel de Byzance.

Peu de jours après, j'apprenais que le choléra venait d'enlever mes deux amis le commandant Danglars et le capitaine Scribanis.

Ce fut l'épilogue lugubre de mon excursion en Crimée et je dois ajouter que quelques semaines après je faillis, moi aussi, être victime de l'épidémie que j'avais dû affronter trop souvent, à laquelle j'avais échappé jusque-là et qui, en me retenant à Constantinople, rompit le cours de mon voyage.

Mais ce voyage écourté ne me laissait pas moins une ample provision de souvenirs ineffaçables.

En sept mois, j'avais vu de près à l'œuvre une assez jolie collection des fléaux qui déciment l'humanité : la guerre, le naufrage, l'incendie, sur une vaste échelle, le typhus, le choléra, et le plus épouvan-

table de tous selon moi, le tremblement
de terre. C'était plus qu'il n'en fallait pour
un novice comme je l'étais alors, et du
premier coup, je me trouvai bronzé pour
un certain temps, en attendant l'âge qui
détrempe jusqu'aux plus aguerris.

Reims, imp. Devaux, rue Cérès, 17.

64